The Little Fox And Other Bilingual French-English Stories

Pomme Bilingual

Published by Pomme Bilingual, 2024.

THE LITTLE FOX AND OTHER BILINGUAL FRENCH-ENGLISH STORIES

First edition. July 19, 2024.

Copyright © 2024 Pomme Bilingual.

ISBN: 979-8227209290

Written by Pomme Bilingual.

Table of Contents

Le Petit Renard et l'Enfant Perdu

Dans une forêt paisible, nichée entre des collines douces, vivait un petit renard. Ce renard, avec son pelage roux éclatant et ses yeux pétillants de malice, aimait explorer chaque recoin de son domaine. Un jour, alors qu'il se faufilait entre les fougères et les buissons, il entendit un sanglot étouffé.

Intrigué, le renard suivit le son jusqu'à une clairière ensoleillée, où un enfant était assis, les genoux contre la poitrine, les larmes roulant sur ses joues. Le renard s'approcha doucement, ses pattes effleurant à peine le sol moussu.

« Pourquoi pleures-tu ? » demanda-t-il d'une voix douce, presque un murmure.

L'enfant leva les yeux, surpris de voir un renard lui parler. « Je suis perdu », répondit-il en reniflant. « Je ne trouve plus mon chemin pour rentrer chez moi. »

Le renard, avec une sagesse infinie dans ses yeux brillants, s'assit à côté de l'enfant. « Ne t'inquiète pas », dit-il calmement. « La forêt peut sembler vaste et effrayante, mais elle a aussi ses chemins secrets et ses guides invisibles. »

L'enfant hocha la tête, incertain mais réconforté par la présence du renard. « Que dois-je faire ? »

Le renard sourit, montrant ses petites dents pointues. « Parfois, il suffit de faire un pas à la fois, et de faire confiance à ceux qui nous entourent. »

L'enfant se leva, essuyant ses larmes. « Peux-tu m'aider ? »

« Bien sûr », répondit le renard. « Suis-moi. »

Ils marchèrent ensemble, le renard sautillant joyeusement de temps en temps, jetant un coup d'œil en arrière pour s'assurer que l'enfant suivait. Ils traversèrent des ruisseaux scintillants, des prairies verdoyantes et des sentiers ombragés par de grands arbres. Tout au long de leur voyage, le renard racontait des histoires de la forêt, des animaux qui y vivaient et des secrets qu'elle cachait.

L'enfant écoutait, émerveillé par les récits et les conseils du renard. Peu à peu, ses peurs s'évaporèrent, remplacées par un sentiment de curiosité et d'aventure.

Après ce qui sembla être une éternité et en même temps un instant, ils arrivèrent à une petite colline d'où l'on pouvait voir une maison au loin. « C'est chez moi ! » s'écria l'enfant avec joie.

Le renard hocha la tête. « Oui, tu es presque arrivé. »

L'enfant se tourna vers son nouvel ami. « Viens avec moi. Mes parents seront si heureux de te rencontrer. »

Mais le renard secoua doucement la tête. « Ma place est ici, dans la forêt. Mais rappelle-toi, peu importe où tu es, il y a toujours quelqu'un ou quelque chose pour te guider. Il suffit d'écouter et de faire confiance. »

L'enfant sourit et, après une dernière étreinte, courut vers sa maison, le cœur léger et l'esprit empli de nouvelles histoires à raconter.

Le renard le regarda partir, puis tourna les talons et disparut entre les arbres, un sourire mystérieux sur ses lèvres.

Chaque fois que l'enfant revenait jouer dans la forêt, il savait que le renard veillait sur lui, prêt à l'aider en cas de besoin. Et ainsi, dans ce coin paisible du monde, une amitié sincère et profonde s'était nouée entre un petit renard et un enfant perdu, chacun trouvant en l'autre un compagnon de route et une source d'inspiration.

The Little Fox and the Lost Child

In a peaceful forest, nestled between gentle hills, lived a little fox. This fox, with his bright red fur and mischievous eyes, loved to explore every corner of his domain. One day, as he slipped through ferns and bushes, he heard a muffled sob.

Intrigued, the fox followed the sound to a sunny clearing, where a child was sitting, knees drawn up to his chest, tears rolling down his cheeks. The fox approached gently, his paws barely touching the mossy ground.

"Why are you crying?" he asked softly, almost a whisper.

The child looked up, surprised to see a fox speaking to him. "I'm lost," he replied, sniffling. "I can't find my way home."

The fox, with infinite wisdom in his bright eyes, sat down next to the child. "Don't worry," he said calmly. "The forest may seem vast and frightening, but it also has its secret paths and invisible guides."

The child nodded, uncertain but comforted by the fox's presence. "What should I do?"

The fox smiled, showing his small, sharp teeth. "Sometimes, you just need to take one step at a time, and trust those around you."

The child stood up, wiping his tears. "Can you help me?"

"Of course," the fox replied. "Follow me."

They walked together, the fox occasionally leaping joyfully, glancing back to make sure the child was following. They crossed sparkling streams, verdant meadows, and paths shaded by tall trees. Throughout their journey, the fox told stories of the forest, the animals that lived there, and the secrets it held.

The child listened, marveling at the fox's tales and advice. Gradually, his fears melted away, replaced by a sense of curiosity and adventure.

After what seemed like both an eternity and a moment, they reached a small hill from which a house could be seen in the distance. "That's my home!" the child exclaimed with joy.

The fox nodded. "Yes, you're almost there."

The child turned to his new friend. "Come with me. My parents will be so happy to meet you."

But the fox gently shook his head. "My place is here, in the forest. But remember, no matter where you are, there is always someone or something to guide you. You just need to listen and trust."

The child smiled, and after one last hug, ran towards his home, his heart light and his mind filled with new stories to tell.

The fox watched him go, then turned and disappeared among the trees, a mysterious smile on his lips.

Every time the child returned to play in the forest, he knew the fox was watching over him, ready to help if needed. And so, in this peaceful corner of the world, a sincere and deep friendship was formed between a little fox and a lost child, each finding in the other a companion and a source of inspiration.

L'Étoile et le Petit Marin

Il était une fois, dans un village de pêcheurs niché au bord de la mer, un petit garçon nommé Marin. Marin aimait observer l'océan, rêvant d'aventures lointaines et de mondes inconnus. Chaque soir, il montait sur la colline près de sa maison pour admirer le ciel étoilé, espérant apercevoir quelque chose de magique.

Un soir, alors que la lune était haute et que les étoiles brillaient comme des diamants, Marin aperçut une étoile filante traversant le ciel. Il ferma les yeux et fit un vœu : « Je veux rencontrer une étoile et découvrir ses secrets. »

À sa grande surprise, lorsqu'il rouvrit les yeux, une petite étoile flottait devant lui, éclatante et lumineuse. « Bonjour, petit Marin, » dit l'étoile d'une voix douce et mélodieuse. « Je suis Stella. Tu as fait un vœu et me voilà. »

Marin était émerveillé. « Tu es vraiment une étoile ! Peux-tu m'emmener avec toi dans le ciel ? »

Stella sourit. « Le ciel est vaste et plein de merveilles, mais ton cœur est ici, sur la terre. Cependant, je peux te montrer des choses que peu de gens ont la chance de voir. »

Curieux et excité, Marin prit la main de Stella, qui était chaude et réconfortante. Ensemble, ils s'envolèrent au-dessus des collines et des montagnes, des rivières et des forêts, jusqu'à ce qu'ils atteignent un endroit où le ciel semblait toucher la terre.

« Regarde, Marin, » dit Stella en pointant vers l'horizon. « Ici les rêves prennent vie. »

Devant eux, une mer de nuages scintillait de mille couleurs, changeant constamment comme une peinture vivante. Des créatures fantastiques nageaient dans les airs, leurs ailes étincelantes reflétant les lumières des étoiles. Marin était ébloui par la beauté de ce spectacle.

« Tout cela existe grâce à ceux qui croient en la magie, » expliqua Stella. « Les rêves et les espoirs des gens créent ces merveilles. »

Marin réfléchit. « Est-ce que mes rêves peuvent aussi créer des choses comme ça ? »

« Bien sûr, » répondit Stella. « Chaque rêve, chaque souhait a le pouvoir de transformer le monde. Il suffit d'y croire et de suivre son cœur. »

Ils continuèrent à voyager, Stella montrant à Marin des lieux fantastiques et des êtres merveilleux. Ils rencontrèrent des licornes dans des forêts enchantées, des dragons amicaux volant au-dessus des volcans endormis, et des sirènes chantant des mélodies envoûtantes sous les vagues.

Chaque expérience enrichissait Marin, remplissant son esprit de nouvelles idées et son cœur de courage. Il comprit que le véritable voyage n'était pas seulement de voir des lieux extraordinaires, mais aussi de découvrir ce qui se cachait en lui-même.

Finalement, ils revinrent au village, où l'aube commençait à poindre. « Merci, Stella, » dit Marin, les yeux brillants de gratitude. « Tu m'as montré tant de choses incroyables. »

« Rappelle-toi, Marin, » répondit Stella avec un sourire tendre, « la véritable magie réside en toi. Ne laisse jamais la peur ou le doute éteindre la lumière de tes rêves. »

Avec ces mots, Stella s'éleva lentement dans le ciel, devenant de plus en plus petite jusqu'à disparaître parmi les étoiles. Marin regarda longtemps l'endroit où elle s'était évanouie, puis se tourna vers la mer.

Les années passèrent, et Marin grandit, mais il n'oublia jamais cette nuit magique. Il devint un marin courageux, explorant les océans et racontant ses aventures à ceux qu'il rencontrait. Les histoires de Stella, des licornes, et des dragons nourrissaient l'imagination des enfants et des adultes, leur rappelant que la magie existe pour ceux qui savent regarder au-delà des apparences.

Et parfois, lors des nuits claires, Marin montait sur la colline et regardait le ciel étoilé. Il savait que Stella veillait sur lui, une étoile parmi tant d'autres, et que tant qu'il gardait la foi en ses rêves, il n'y avait aucune limite à ce qu'il pouvait accomplir.

Ainsi, dans ce village au bord de la mer, la légende de Marin et de son étoile continue de vivre, inspirant des générations à rêver grand et à croire en l'incroyable. Les histoires se transmettent, le message reste le même : chaque étoile dans le ciel est un rêve en attente de réalisation, et chaque cœur humain a le pouvoir de briller comme une étoile.

The Star and the Little Sailor

Once upon a time, in a fishing village nestled by the sea, there lived a little boy named Marin. Marin loved watching the ocean, dreaming of distant adventures and unknown worlds. Every evening, he would climb the hill near his house to admire the starry sky, hoping to catch a glimpse of something magical.

One evening, as the moon was high and the stars sparkled like diamonds, Marin saw a shooting star streak across the sky. He closed his eyes and made a wish: "I want to meet a star and discover its secrets."

To his great surprise, when he opened his eyes, a small star floated before him, radiant and luminous. "Hello, little sailor," said the star in a soft, melodious voice. "I am Stella. You made a wish, and here I am."

Marin was amazed. "You are really a star! Can you take me with you into the sky?"

Stella smiled. "The sky is vast and full of wonders, but your heart is here on Earth. However, I can show you things that few people have the chance to see."

Curious and excited, Marin took Stella's hand, which was warm and comforting. Together, they flew over hills and mountains, rivers and forests, until they reached a place where the sky seemed to touch the earth.

"Look, Marin," said Stella, pointing to the horizon. "Here, dreams come to life."

Before them, a sea of clouds shimmered with a thousand colors, constantly changing like a living painting. Fantastical creatures swam through the air, their glittering wings reflecting the starlight. Marin was dazzled by the beauty of the scene.

"All this exists thanks to those who believe in magic," explained Stella. "The dreams and hopes of people create these wonders."

Marin pondered. "Can my dreams also create things like this?"

"Of course," replied Stella. "Every dream, every wish has the power to transform the world. You just need to believe and follow your heart."

They continued to travel, Stella showing Marin fantastic places and wonderful beings. They met unicorns in enchanted forests, friendly dragons flying over dormant volcanoes, and mermaids singing enchanting melodies under the waves.

Each experience enriched Marin, filling his mind with new ideas and his heart with courage. He understood that the true journey was not only to see extraordinary places but also to discover what lay within himself.

Finally, they returned to the village, where dawn was beginning to break. "Thank you, Stella," said Marin, his eyes shining with gratitude. "You have shown me so many incredible things."

"Remember, Marin," replied Stella with a tender smile, "the real magic lies within you. Never let fear or doubt extinguish the light of your dreams."

With these words, Stella slowly rose into the sky, becoming smaller and smaller until she disappeared among the stars. Marin watched the spot where she had vanished for a long time, then turned towards the sea.

Years passed, and Marin grew up, but he never forgot that magical night. He became a brave sailor, exploring the oceans and telling his adventures to those he met. The stories of Stella, the unicorns, and the dragons nourished the imagination of children and adults, reminding them that magic exists for those who know how to look beyond appearances.

And sometimes, on clear nights, Marin would climb the hill and gaze at the starry sky. He knew that Stella was watching over him, a star among many, and that as long as he kept faith in his dreams, there was no limit to what he could achieve.

Thus, in this village by the sea, the legend of Marin and his star continues to live, inspiring generations to dream big and believe in the incredible. The stories are passed down, the message remains the same: every star in the sky is a dream waiting to be realized, and every human heart has the power to shine like a star.

La Chouette et l'Enfant Curieux

Dans un petit village entouré de collines verdoyantes et de forêts profondes, vivait un enfant nommé Hugo. Hugo avait un esprit vif et curieux ; il aimait explorer chaque recoin de son monde, posant des questions sur tout ce qu'il voyait. Un soir, alors que le soleil se couchait, Hugo décida de s'aventurer plus loin que d'habitude, dans la forêt dense qui bordait le village.

La forêt, avec ses arbres anciens et ses secrets cachés, l'attirait depuis toujours. Il marcha longtemps, le crépuscule laissant place à une nuit étoilée, jusqu'à ce qu'il atteigne une clairière illuminée par la lune. Au centre de cette clairière, sur une vieille souche d'arbre, se tenait une chouette majestueuse, ses grands yeux dorés brillant dans l'obscurité.

« Bonsoir, petit aventurier », dit la chouette d'une voix douce et résonnante. Hugo sursauta de surprise mais n'eut pas peur. « Bonsoir, » répondit-il. « Qui es-tu ? »

« Je suis Athéna, la chouette sage de cette forêt. Je connais tous ses secrets et ses mystères. Que fais-tu ici si tard, loin de chez toi ? »

« Je cherche des réponses, » dit Hugo avec sincérité. « Il y a tellement de choses que je ne comprends pas. Pourquoi le ciel change-t-il de couleur ? Pourquoi les étoiles brillent-elles ? Pourquoi les arbres grandissent-ils si hauts ? »

Athéna hocha doucement la tête. « Tu as l'esprit curieux, Hugo, et c'est une qualité précieuse. Les réponses que tu cherches ne sont pas toujours simples, mais chaque question t'ouvre une porte vers une nouvelle découverte. »

Hugo s'assit sur la souche à côté d'Athéna, les yeux grands ouverts, avide de connaissances. « Peux-tu m'aider à trouver des réponses ? »

« Bien sûr, » répondit Athéna. « Commençons par le ciel. Sais-tu pourquoi il change de couleur ? »

Hugo secoua la tête. Athéna leva une aile vers le ciel étoilé. « Le ciel change de couleur à cause de la lumière du soleil et de l'atmosphère terrestre. Au lever et au coucher du soleil, la lumière traverse une plus grande épaisseur de l'atmosphère, dispersant les couleurs et créant ces magnifiques teintes que tu vois. »

« Et les étoiles ? Pourquoi brillent-elles ? » demanda Hugo.

« Les étoiles sont des soleils lointains, » expliqua Athéna. « Elles brillent parce qu'elles produisent de la lumière et de la chaleur par des réactions nucléaires en leur cœur. Certaines étoiles sont plus proches de nous, et d'autres sont si lointaines qu'elles semblent minuscules, mais elles sont toutes incroyablement grandes et puissantes. »

Hugo réfléchit à ces nouvelles informations, fasciné par la complexité et la beauté de l'univers. « Et les arbres ? Pourquoi sont-ils si grands ? »

« Les arbres grandissent en cherchant la lumière, » répondit Athéna. « Ils étendent leurs branches vers le ciel pour capter le plus de lumière possible, qui leur donne l'énergie nécessaire pour vivre et grandir. Leurs racines, en revanche, plongent profondément dans la terre pour trouver l'eau et les nutriments. C'est un équilibre entre ciel et terre. »

Le silence s'installa dans la clairière, seulement perturbé par le chant des grillons. Hugo sentit une paix profonde l'envahir. « Athéna, y a-t-il d'autres choses merveilleuses que tu peux m'apprendre ? »

« Il y a tant à découvrir, » répondit Athéna. « Mais les réponses ne sont pas toujours dans les mots. Parfois, il faut simplement observer, ressentir et être présent. La nature a sa propre façon de communiquer. »

Hugo hocha la tête, comprenant la sagesse dans les paroles de la chouette. Ils passèrent le reste de la nuit à discuter des mystères de la vie, des animaux de la forêt et des étoiles dans le ciel. Athéna raconta des histoires anciennes, pleines de sagesse et de leçons, et Hugo écouta, absorbant chaque mot.

Quand l'aube commença à poindre, Athéna regarda Hugo avec affection. « Il est temps pour toi de rentrer, petit aventurier. Mais souviens-toi, la curiosité est le début de toute sagesse. Continue à poser des questions, continue à explorer, et le monde te révélera ses merveilles. »

Hugo se leva, le cœur et l'esprit remplis de nouvelles connaissances. « Merci, Athéna. Je n'oublierai jamais cette nuit. »

« Et moi, je serai toujours ici, » dit Athéna, « veillant sur toi et prête à répondre à tes questions. »

Hugo quitta la clairière, le soleil levant illuminant son chemin de retour. Il savait que la forêt, avec tous ses secrets, serait toujours un lieu de découverte et de magie. En rentrant chez lui, il se sentait différent, plus sage et plus connecté au monde qui l'entourait.

Les jours, les mois, et les années passèrent. Hugo grandit, mais il n'oublia jamais la chouette sage et les leçons apprises cette nuit-là. Il devint un chercheur infatigable, explorant le monde avec curiosité et émerveillement, racontant ses aventures et partageant les merveilles qu'il découvrait.

Chaque soir, avant de s'endormir, il regardait le ciel étoilé, se rappelant que chaque étoile, chaque arbre et chaque créature avait une histoire à raconter. Il se souvenait des paroles d'Athéna : « Continue à poser des questions, et le monde te révélera ses merveilles. »

Ainsi, la légende de Hugo et de la chouette sage se transmit dans le village, inspirant de nouvelles générations d'enfants à explorer, à découvrir, et à rêver. Et dans les nuits calmes et étoilées, on pouvait parfois entendre un doux murmure dans la forêt, comme si Athéna elle-même continuait à veiller et à enseigner à ceux qui avaient le cœur ouvert et l'esprit curieux.

The Owl and the Curious Child

In a small village surrounded by green hills and deep forests, there lived a child named Hugo. Hugo had a sharp and curious mind; he loved exploring every corner of his world, asking questions about everything he saw. One evening, as the sun was setting, Hugo decided to venture further than usual, into the dense forest that bordered the village.

The forest, with its ancient trees and hidden secrets, had always drawn him. He walked for a long time, twilight giving way to a starry night, until he reached a clearing illuminated by the moon. In the center of this clearing, on an old tree stump, stood a majestic owl, its large golden eyes shining in the dark.

"Good evening, little adventurer," said the owl in a soft, resonant voice. Hugo jumped in surprise but was not afraid. "Good evening," he replied. "Who are you?"

"I am Athena, the wise owl of this forest. I know all its secrets and mysteries. What are you doing here so late, far from home?"

"I'm looking for answers," said Hugo sincerely. "There are so many things I don't understand. Why does the sky change color? Why do the stars shine? Why do the trees grow so tall?"

Athena nodded gently. "You have a curious mind, Hugo, and that is a precious quality. The answers you seek are not always simple, but each question opens a door to a new discovery."

Hugo sat on the stump next to Athena, his eyes wide open, eager for knowledge. "Can you help me find answers?"

"Of course," replied Athena. "Let's start with the sky. Do you know why it changes color?"

Hugo shook his head. Athena lifted a wing towards the starry sky. "The sky changes color because of the sunlight and the Earth's atmosphere. At sunrise and sunset, the light travels through a greater thickness of the atmosphere, scattering the colors and creating the beautiful hues you see."

"And the stars? Why do they shine?" asked Hugo.

"Stars are distant suns," explained Athena. "They shine because they produce light and heat through nuclear reactions at their core. Some stars are closer to us, and others are so far away that they seem tiny, but they are all incredibly large and powerful."

Hugo pondered this new information, fascinated by the complexity and beauty of the universe. "And the trees? Why are they so tall?"

"Trees grow by seeking light," replied Athena. "They stretch their branches towards the sky to capture as much light as possible, which gives them the energy they need to live and grow. Their roots, on the other hand, delve deep into the earth to find water and nutrients. It's a balance between sky and earth."

Silence settled over the clearing, only disturbed by the chirping of crickets. Hugo felt a deep peace envelop him. "Athena, are there other wonderful things you can teach me?"

"There is so much to discover," replied Athena. "But the answers are not always in words. Sometimes you just need to observe, feel, and be present. Nature has its own way of communicating."

Hugo nodded, understanding the wisdom in the owl's words. They spent the rest of the night discussing the mysteries of life, the animals of the forest, and the stars in the sky. Athena told ancient stories, full of wisdom and lessons, and Hugo listened, absorbing every word.

When dawn began to break, Athena looked at Hugo with affection. "It's time for you to go home, little adventurer. But remember, curiosity is the beginning of all wisdom. Keep asking questions, keep exploring, and the world will reveal its wonders to you."

Hugo stood up, his heart and mind filled with new knowledge. "Thank you, Athena. I will never forget this night."

"And I will always be here," said Athena, "watching over you and ready to answer your questions."

Hugo left the clearing, the rising sun illuminating his path home. He knew that the forest, with all its secrets, would always be a place of discovery and magic. As he returned home, he felt different, wiser, and more connected to the world around him.

Days, months, and years passed. Hugo grew up, but he never forgot the wise owl and the lessons learned that night. He became a tireless seeker, exploring the world with curiosity and wonder, sharing his adventures and the marvels he discovered.

Every evening, before falling asleep, he looked at the starry sky, remembering that each star, each tree, and each creature had a story to tell. He remembered Athena's words: "Keep asking questions, and the world will reveal its wonders."

Thus, the legend of Hugo and the wise owl was passed down in the village, inspiring new generations of children to explore, discover, and dream. And on calm, starry nights, one could sometimes hear a soft whisper in the forest, as if Athena herself continued to watch and teach those with open hearts and curious minds.

Les Étoiles de Jade

Il était une fois, dans un village niché au sommet d'une montagne verdoyante, une jeune fille nommée Elia. Elia était connue pour son amour des étoiles. Chaque nuit, elle sortait de sa maison pour observer le ciel, les yeux remplis d'émerveillement face à l'immensité des constellations. Sa fascination pour les étoiles était telle qu'elle avait construit un petit observatoire en bois au sommet d'une colline, où elle passait des heures à étudier les cieux.

Un soir d'été, alors que les étoiles scintillaient plus que d'habitude, Elia découvrit une étoile particulière qui semblait briller d'une lueur verte étrange. Elle n'avait jamais vu une telle étoile auparavant. Elle l'appela "Étoile de Jade", fascinée par sa lumière mystérieuse. Elle décida qu'elle devait en apprendre davantage sur cette étoile et comprendre son secret.

Le lendemain matin, Elia se rendit au marché du village, espérant trouver quelqu'un qui pourrait l'aider. Elle rencontra un vieux sage nommé Théo, qui était réputé pour ses connaissances sur les étoiles et les légendes anciennes.

« Bonjour, Théo, » salua Elia avec enthousiasme. « J'ai vu une étoile étrange cette nuit, une étoile de couleur verte. Je voudrais en savoir plus. »

Théo ajusta ses lunettes et regarda Elia avec intérêt. « Une étoile de jade, dis-tu ? C'est très rare. Dans les légendes anciennes, les étoiles de jade sont des symboles de guidance et de transformation. Elles apparaissent pour montrer le chemin aux âmes en quête de vérité. Mais elles ne brillent que pour ceux qui sont prêts à entreprendre un voyage intérieur. »

Elia était intriguée. « Que dois-je faire pour comprendre cette étoile ? »

« Les étoiles de jade ont souvent un lien avec des cœurs purs et des désirs sincères. Je pense que tu devras suivre la lumière de l'étoile, traverser des épreuves, et peut-être trouver des réponses en toi-même. Prépare-toi à un voyage qui ne sera pas seulement physique mais aussi spirituel. »

Elia était déterminée. Elle se prépara pour le voyage avec une carte ancienne que Théo lui donna, et quelques provisions pour le chemin. Elle suivit les instructions de Théo et entreprit son aventure, suivant la direction de l'étoile de jade.

Le chemin était ardu. Elia traversa des forêts denses, où les arbres semblaient chuchoter des secrets, et des rivières glaciales, dont les eaux étaient si claires qu'elles reflétaient les étoiles comme des miroirs. Elle gravit des collines escarpées et des vallées profondes. Chaque nuit, elle regardait l'étoile de jade briller au-dessus d'elle, comme un phare dans la nuit.

Un jour, elle arriva devant une grande porte en pierre, ornée de symboles anciens. La porte semblait ancienne et mystérieuse, comme si elle avait été là depuis des siècles. Elia se rendit compte qu'elle devait trouver un moyen de l'ouvrir. Elle examina les symboles et comprit qu'ils étaient des indices.

En touchant les symboles, elle sentit une énergie douce et réconfortante, comme une étreinte invisible. Les symboles semblaient réagir à ses pensées, et elle réussit à déchiffrer un message ancien : « Pour ouvrir cette porte, il faut offrir ce que l'on a de plus précieux. »

Elia réfléchit à ce qu'elle pourrait offrir. Elle pensa à son amour pour les étoiles, à ses rêves, et à ses espoirs. Elle décida de laisser derrière elle l'objet le plus précieux pour elle : une vieille étoile en argent, héritée de sa grand-mère, qui avait été un symbole de ses aspirations.

Elle déposa l'étoile en argent au centre des symboles, et la porte en pierre s'ouvrit lentement avec un bruit profond. Derrière la porte se trouvait une grotte illuminée par une douce lueur verte. Elia entra dans la grotte, ses yeux écarquillés devant la beauté du lieu.

Au centre de la grotte se trouvait une source d'eau cristalline, entourée de pierres précieuses qui émettaient une lumière douce. Au-dessus de la source, l'étoile de jade flottait, émettant une lumière apaisante qui baignait la grotte dans une atmosphère magique. Elia s'approcha de la source et toucha l'eau. Elle sentit une chaleur douce envahir son corps, et une vague de paix l'envahit.

À ce moment-là, une voix douce résonna dans la grotte. « Elia, tu as prouvé que tu es prête pour ce voyage. La lumière de l'étoile de jade est maintenant en toi. Cette lumière est une partie de toi, un reflet de ton cœur pur et de tes désirs sincères. »

Elia ferma les yeux, se laissant envelopper par la chaleur et la lumière. Elle comprit que la véritable essence de l'étoile de jade était la lumière intérieure que chacun porte en soi, et que son voyage était une quête pour découvrir cette lumière et la partager avec les autres.

Lorsqu'elle ouvrit les yeux, la grotte semblait encore plus radieuse. L'étoile de jade s'était transformée en une lumière douce et éblouissante qui illuminait son cœur et son esprit. Elia sut qu'elle devait retourner chez elle et partager cette lumière avec les autres, pour leur apporter la paix et l'inspiration qu'elle avait trouvées.

Sur le chemin du retour, Elia remarqua les changements autour d'elle. Les forêts semblaient plus vivantes, les rivières plus scintillantes, et l'air plus léger. Elle sentit une connexion plus profonde avec la nature et une gratitude immense pour le voyage qu'elle avait accompli.

De retour au village, Elia était accueillie avec joie. Elle raconta son voyage et partagea les enseignements qu'elle avait reçus. Les habitants, touchés par ses histoires et sa lumière intérieure, commencèrent à voir leur monde sous un nouveau jour. Ils apprirent à apprécier et à préserver la beauté qui les entourait, inspirés par l'amour et la sagesse d'Elia.

Elia continua à vivre dans le village, partageant sa lumière avec tous ceux qui en avaient besoin. Elle devint une figure respectée, non seulement pour son courage mais aussi pour sa capacité à illuminer les vies des autres. Chaque soir, les villageois se réunissaient pour admirer les étoiles et célébrer la lumière que chacun portait en soi.

Et ainsi, la légende d'Elia et des étoiles de jade perdura, illuminant les cœurs et guidant les âmes en quête de vérité et de paix. Les étoiles continuaient de briller dans le ciel, et leur lumière traversait les âges, apportant réconfort et inspiration à tous ceux qui levaient les yeux vers les cieux étoilés.

The Jade Stars

———

Once upon a time, in a village nestled atop a verdant mountain, lived a young girl named Elia. Elia was known for her love of the stars. Every night, she would leave her house to gaze at the sky, her eyes filled with wonder at the vastness of the constellations. Her fascination with the stars was such that she had built a small wooden observatory atop a hill, where she spent hours studying the heavens.

One summer evening, as the stars twinkled more brightly than usual, Elia noticed a particular star that seemed to shine with a strange green glow. She had never seen such a star before. She named it "Jade Star," captivated by its mysterious light. She decided she needed to learn more about this star and understand its secret.

The next morning, Elia went to the village market, hoping to find someone who could help her. She met an old sage named Théo, who was renowned for his knowledge of the stars and ancient legends.

"Hello, Théo," greeted Elia with enthusiasm. "I saw a strange star last night, a green star. I would like to know more about it."

Théo adjusted his glasses and looked at Elia with interest. "A jade star, you say? That is very rare. In ancient legends, jade stars are symbols of guidance and transformation. They appear to show the way to souls in search of truth. But they only shine for those who are ready to embark on an inner journey."

Elia was intrigued. "What should I do to understand this star?"

"Jade stars often have a connection with pure hearts and sincere desires. I think you will need to follow the star's light, face challenges, and perhaps find answers within yourself. Prepare yourself for a journey that will be both physical and spiritual."

Elia was determined. She prepared for the journey with an old map that Théo gave her and some provisions for the road. She followed Théo's directions and set out on her adventure, following the direction of the jade star.

The path was arduous. Elia crossed dense forests where the trees seemed to whisper secrets and icy rivers with crystal-clear waters that reflected the stars like mirrors. She climbed steep hills and deep valleys. Every night, she watched the jade star shine above her, like a beacon in the night.

One day, she arrived at a great stone door adorned with ancient symbols. The door looked old and mysterious, as if it had been there for centuries. Elia realized she needed to find a way to open it. She examined the symbols and understood that they were clues.

By touching the symbols, she felt a soft and comforting energy, like an invisible embrace. The symbols seemed to respond to her thoughts, and she managed to decipher an ancient message: "To open this door, you must offer what you hold most dear."

Elia thought about what she could offer. She thought of her love for the stars, her dreams, and her hopes. She decided to leave behind the most precious item to her: an old silver star, inherited from her grandmother, which had been a symbol of her aspirations.

She placed the silver star in the center of the symbols, and the stone door slowly opened with a deep sound. Behind the door was a cave illuminated by a soft green glow. Elia entered the cave, her eyes wide at the beauty of the place.

In the center of the cave was a crystal-clear spring, surrounded by precious stones that emitted a gentle light. Above the spring, the jade star floated, emitting a soothing light that bathed the cave in a magical atmosphere. Elia approached the spring and touched the water. She felt a warm sensation envelop her body, and a wave of peace washed over her.

At that moment, a gentle voice resonated in the cave. "Elia, you have proven that you are ready for this journey. The light of the jade star is now within you. This light is a part of you, a reflection of your pure heart and sincere desires."

Elia closed her eyes, letting herself be enveloped by the warmth and light. She understood that the true essence of the jade star was the inner light each person carries, and that her journey was a quest to discover this light and share it with others.

When she opened her eyes, the cave seemed even more radiant. The jade star had transformed into a soft and dazzling light that illuminated her heart and mind. Elia knew she had to return home and share this light with others, to bring them the peace and inspiration she had found.

On her way back, Elia noticed the changes around her. The forests seemed more alive, the rivers more sparkling, and the air lighter. She felt a deeper connection with nature and immense gratitude for the journey she had completed.

Back in the village, Elia was greeted with joy. She told her story and shared the lessons she had learned. The villagers, touched by her stories and inner light, began to see their world in a new light. They learned to appreciate and preserve the beauty around them, inspired by Elia's love and wisdom.

Elia continued to live in the village, sharing her light with everyone who needed it. She became a respected figure, not only for her courage but also for her ability to brighten the lives of others. Each evening, the villagers gathered to admire the stars and celebrate the light that each person carries within themselves.

And so, the legend of Elia and the jade stars endured, illuminating hearts and guiding souls in search of truth and peace. The stars continued to shine in the sky, and their light crossed ages, bringing comfort and inspiration to all who looked up at the starry skies.

Le Voyage

———

Dans un monde lointain, où les ciels étaient peints de nuances impossibles et les forêts se déployaient comme des tapis de verdure sans fin, vivait une jeune femme nommée Lumière. Lumière n'était pas comme les autres habitants de son village. Elle possédait un don rare : elle pouvait parler aux arbres. Ses amis l'appelaient "Lumière" parce que sa présence illuminait les coins les plus sombres de leur monde.

Chaque jour, Lumière se promenait dans la forêt environnante, conversant avec les arbres, leur posant des questions, et écoutant leurs réponses murmurées par le vent. Les arbres lui racontaient des histoires anciennes sur la terre, les rivières, et les étoiles. Mais il y avait une chose que Lumière ne comprenait pas : pourquoi les arbres semblaient parfois tristes et pourquoi certains semblaient pleurer.

Un matin, alors qu'un brouillard léger flottait au-dessus du sol, Lumière se rendit au centre de la forêt, où se trouvait un arbre immense et vénérable nommé Sève. Sève était le plus ancien des arbres et avait des branches si larges qu'elles semblaient soutenir le ciel lui-même. Lumière s'assit à son pied, posant délicatement une main sur l'écorce rugueuse.

« Bonjour, Sève, » dit-elle d'une voix douce. « J'ai encore une question à te poser. Pourquoi les arbres pleurent-ils parfois ? »

Sève émit un profond soupir, comme si chaque souffle était une partie de son essence ancienne. « Les arbres pleurent, Lumière, non pas parce qu'ils sont tristes, mais parce qu'ils ressentent les peines de la terre. Quand la terre souffre, les arbres en ressentent la douleur. Et parfois, leur sève devient un reflet des larmes de la terre. »

Lumière écoutait attentivement, ses yeux brillants d'une compréhension nouvelle. « Que puis-je faire pour aider ? Comment puis-je apaiser la douleur de la terre ? »

« Il y a un vieux conte parmi les arbres, » répondit Sève. « On dit qu'il existe une lumière sacrée cachée dans les profondeurs de la forêt. Cette lumière a le pouvoir de guérir la terre et d'apporter la paix aux arbres. Mais pour la trouver, il te faudra entreprendre un voyage difficile, traverser des épreuves, et comprendre les vérités cachées de notre monde. »

Lumière se leva avec une détermination nouvelle. « Je partirai à la recherche de cette lumière. Je promets de faire tout ce qui est en mon pouvoir pour aider notre terre et nos arbres. »

Sève hocha ses branches comme pour approuver. « Sois prudente, Lumière. Le voyage sera long et parsemé d'obstacles. Mais n'oublie pas que la lumière se trouve souvent là où l'on s'y attend le moins. »

Avec ces mots en tête, Lumière entreprit son voyage. Elle traversa des forêts denses où les arbres se touchaient presque, des rivières tumultueuses aux eaux translucides, et des montagnes dont les sommets touchaient les cieux. Chaque nuit, elle campait sous les étoiles, se nourrissant de fruits sauvages et d'eau fraîche, tout en méditant sur les paroles de Sève.

Un soir, alors qu'elle s'endormait sous un grand chêne, un animal étrange se matérialisa devant elle. C'était un cerf aux bois scintillants comme des cristaux. Ses yeux étaient doux et sages. « Je suis Éclat, le gardien des rivières et des montagnes. Pourquoi es-tu ici, jeune Lumière ? »

Lumière se redressa, surprise mais curieuse. « Je cherche la lumière sacrée que les arbres m'ont décrite. Ils disent qu'elle peut guérir la terre et apaiser les arbres. »

Éclat inclina la tête, comme réfléchissant à ses paroles. « La lumière sacrée est un symbole puissant. Elle est cachée dans le cœur des plus grandes épreuves. Si tu cherches à la trouver, tu devras prouver ta bravoure et ta compassion. Les chemins que tu emprunteras seront parsemés de défis qui testeront ton courage et ta sagesse. »

Avec ces mots en tête, Lumière reprit son voyage, plus déterminée que jamais. Elle traversa des marécages brumeux où chaque pas semblait être une lutte contre la terre elle-même. Elle escalada des falaises abruptes où le vent hurlait comme des esprits perdus. À chaque obstacle, elle se souvenait des paroles d'Éclat et des arbres.

Un jour, elle arriva devant une caverne sombre, cachée derrière une cascade rugissante. La caverne semblait étrange, comme si elle cachait des secrets anciens. Lumière hésita un instant, puis entra avec précaution. À l'intérieur, elle découvrit un espace éclairé par une lueur douce et chaude. Au centre de la caverne se trouvait un cristal lumineux, suspendu dans l'air comme s'il était le cœur de la lumière elle-même.

Lumière s'approcha du cristal, ressentant une profonde paix l'envahir. Alors qu'elle tendait la main pour toucher le cristal, une voix douce résonna dans la caverne. « Tu as prouvé ta bravoure, Lumière. Mais avant que tu puisses emporter cette lumière, tu dois comprendre une vérité importante. »

« Quelle vérité ? » demanda Lumière.

« La lumière sacrée n'est pas simplement un objet à emporter. Elle est le reflet de la lumière que nous portons en nous. Pour aider la terre et les arbres, tu dois partager cette lumière avec le monde, non pas en la gardant pour toi. »

Lumière réfléchit profondément à ces paroles. Elle comprit que la véritable lumière était celle qu'elle pouvait offrir aux autres, en aidant ceux qui en avaient besoin, en apportant de la compassion et de l'amour. Elle toucha doucement le cristal, sentant la lumière se répandre en elle, la remplissant d'une chaleur réconfortante.

Elle quitta la caverne avec le cristal en main, le cœur plein de nouvelles connaissances et de sagesse. En retournant vers son village, elle partagea la lumière avec tous ceux qu'elle rencontrait, apportant réconfort et espoir. Les arbres, les animaux, et même les habitants du village ressentaient la douceur et la chaleur de cette lumière.

De retour chez elle, Lumière déposa le cristal au centre de la forêt, là où Sève l'attendait. « Tu as réussi, Lumière, » dit Sève avec une voix pleine de gratitude. « La lumière que tu as trouvée est maintenant un don pour la terre. Elle apportera guérison et paix à notre monde. »

Lumière sourit, les larmes aux yeux. « Je suis reconnaissante pour ce voyage. J'ai appris que la véritable lumière vient de l'intérieur, et c'est en partageant cette lumière que nous pouvons vraiment faire une différence. »

Les jours passèrent, et la forêt retrouva sa splendeur. Les arbres étaient plus vivants, les rivières plus claires, et les animaux plus heureux. Les habitants du village, inspirés par la bravoure et la compassion de Lumière, commencèrent à respecter davantage la nature, comprenant l'importance de préserver leur environnement.

Lumière continua de veiller sur la forêt, partageant sa lumière avec tous ceux qui en avaient besoin. Elle devint une légende dans son village, non seulement pour ses actes de courage, mais aussi pour la manière dont elle avait touché les cœurs des autres. Chaque année, les villageois se rassemblaient pour célébrer la fête de la lumière, en hommage à Lumière et à son voyage.

Et dans les nuits étoilées, lorsqu'une douce lueur baignait la forêt, on disait que la lumière de Lumière brillait toujours, guidant et réconfortant ceux qui cherchaient la paix et la beauté dans le monde. Les arbres murmuraient des histoires anciennes aux visiteurs, leur parlant d'une jeune femme courageuse qui avait apporté la lumière et l'amour à leur monde.

The Journey

In a distant world where skies were painted with impossible hues and forests stretched like endless carpets of green, lived a young woman named Lumière. Lumière was not like the other inhabitants of her village. She possessed a rare gift: she could speak to the trees. Her friends called her "Lumière" because her presence illuminated the darkest corners of their world.

Every day, Lumière wandered through the surrounding forest, conversing with the trees, asking them questions, and listening to their answers whispered by the wind. The trees told her ancient stories about the earth, rivers, and stars. But there was one thing Lumière did not understand: why the trees sometimes seemed sad and why some appeared to be crying.

One morning, as a light mist floated above the ground, Lumière went to the heart of the forest, where stood a massive and venerable tree named Sève. Sève was the oldest of the trees and had branches so wide they seemed to support the very sky. Lumière sat at his base, gently placing a hand on the rough bark.

"Hello, Sève," she said softly. "I have another question to ask you. Why do trees sometimes cry?"

Sève let out a deep sigh, as if each breath was a part of his ancient essence. "Trees cry, Lumi ère, not because they are sad, but because they feel the earth's pain. When the earth suffers, the trees feel that pain. And sometimes, their sap becomes a reflection of the earth's tears."

Lumière listened attentively, her eyes bright with newfound understanding. "What can I do to help? How can I soothe the earth's pain?"

"There is an old tale among the trees," replied Sève. "It is said that there is a sacred light hidden deep within the forest. This light has the power to heal the earth and bring peace to the trees. But to find it, you will need to undertake a difficult journey, face challenges, and uncover the hidden truths of our world."

Lumière stood up with a new determination. "I will seek this light. I promise to do everything in my power to help our earth and our trees."

Sève nodded his branches in approval. "Be careful, Lumière. The journey will be long and fraught with obstacles. But remember, light is often found where one least expects it."

With these words in mind, Lumière set out on her journey. She crossed dense forests where the trees almost touched each other, turbulent rivers with crystal-clear waters, and mountains whose peaks touched the heavens. Every night, she camped under the stars, eating wild fruits and fresh water, while reflecting on Sève's words.

One evening, as she was falling asleep under a large oak tree, a strange creature appeared before her. It was a deer with antlers sparkling like crystals. Its eyes were gentle and wise. "I am Éclat, the guardian of the rivers and mountains. Why are you here, young Lumière?"

Lumière sat up, surprised but curious. "I am seeking the sacred light described by the trees. They say it can heal the earth and soothe the trees."

Éclat tilted his head, as if pondering her words. "The sacred light is a powerful symbol. It is hidden at the heart of great trials. If you seek to find it, you must prove your bravery and compassion. The paths you will take will be filled with challenges that will test your courage and wisdom."

With these words in mind, Lumière continued her journey, more determined than ever. She crossed misty swamps where each step seemed a struggle against the very earth. She climbed steep cliffs where the wind howled like lost spirits. At each obstacle, she remembered Éclat's words and the trees.

One day, she arrived at the entrance of a dark cave, hidden behind a roaring waterfall. The cave seemed strange, as if it held ancient secrets. Lumière hesitated for a moment, then entered cautiously. Inside, she discovered a space illuminated by a soft and warm glow. At the center of the cave was a luminous crystal, suspended in the air as if it were the heart of the light itself.

Lumière approached the crystal, feeling a deep sense of peace wash over her. As she reached out to touch the crystal, a gentle voice echoed through the cave. "You have proven your bravery, Lumière. But before you can take this light, you must understand an important truth."

"What truth?" Lumière asked.

"The sacred light is not just an object to be taken. It is a reflection of the light we carry within ourselves. To help the earth and the trees, you must share this light with the world, not keep it for yourself."

Lumière deeply reflected on these words. She understood that true light was that which she could offer others, by helping those in need, and by bringing compassion and love. She gently touched the crystal, feeling the light spread within her, filling her with a comforting warmth.

She left the cave with the crystal in hand, her heart full of new knowledge and wisdom. Returning to her village, she shared the light with everyone she met, bringing comfort and hope. The trees, animals, and even the villagers felt the gentle warmth of this light.

Back home, Lumière placed the crystal at the center of the forest, where Sève was waiting. "You have succeeded, Lumière," said Sève with a voice full of gratitude. "The light you have found is now a gift for the earth. It will bring healing and peace to our world."

Lumière smiled, tears in her eyes. "I am grateful for this journey. I have learned that true light comes from within, and it is by sharing this light that we can truly make a difference."

Days passed, and the forest regained its splendor. The trees were more vibrant, the rivers clearer, and the animals happier. The villagers, inspired by Lumière's bravery and compassion, began to respect nature more, understanding the importance of preserving their environment.

Lumière continued to watch over the forest, sharing her light with all those in need. She became a legend in her village, not only for her acts of courage but also for the way she touched the hearts of others. Each year, the villagers gathered to celebrate the Festival of Light, in honor of Lumière and her journey.

And on starry nights, when a soft glow bathed the forest, it was said that Lumière's light still shone, guiding and comforting those who sought peace and beauty in the world. The trees whispered ancient stories to visitors, telling them of a brave young woman who had brought light and love to their world.

La Montagne des Échos

Dans un village perché au bord d'une vallée luxuriante, vivait un jeune homme nommé Lysandre. Lysandre était un rêveur, un artiste avec des yeux pleins de curiosité et un cœur avide d'aventures. Tous les jours, il peignait des paysages imaginaires sur des toiles de lin, les couleurs vives de ses œuvres reflétant les émotions et les rêves qu'il portait en lui.

Un matin brumeux, alors qu'il se promenait le long des sentiers sinueux de la vallée, Lysandre découvrit une vieille carte enroulée et tachée, à moitié enfouie dans les feuilles mortes sous un grand chêne. La carte était ornée de symboles mystérieux et d'une inscription en lettres dorées : « Le Voyage du Cœur mène à la Montagne des Échos. Là où le silence révèle les vérités cachées. »

Intrigué, Lysandre décida de suivre la carte, convaincu que cette aventure pourrait lui offrir des révélations qui enrichiraient ses œuvres. Il rassembla ses pinceaux, ses couleurs, et une petite boussole, et se lança dans le voyage prometteur.

Le chemin vers la Montagne des Échos était parsemé d'épreuves et de merveilles. Lysandre traversa des rivières miroitantes où l'eau semblait chuchoter des secrets anciens, et des forêts denses où les arbres formaient un plafond de feuillage. Chaque étape du voyage était une découverte, chaque vue un tableau vivant de beauté naturelle.

Au cœur de la forêt, il rencontra un vieil ermite, assis au pied d'un vieux bouleau. L'ermite avait une barbe aussi longue que les racines des arbres et des yeux perçants qui semblaient voir au-delà du visible.

« Bonjour, voyageur, » dit l'ermite d'une voix douce. « Cherches-tu quelque chose en particulier sur ce chemin ? »

Lysandre montra la carte et expliqua son désir de découvrir les secrets de la Montagne des Échos. L'ermite sourit et hocha la tête. « La Montagne des Échos est un lieu où les vérités intérieures résonnent. Ce que tu découvriras dépendra de ce que tu cherches réellement dans ton cœur. Mais avant de continuer, sache que le voyage est autant une quête de l'esprit que du corps. »

Lysandre remercia l'ermite pour ses paroles et continua son chemin, plus déterminé que jamais. Il gravissait des pentes abruptes et escaladait des parois rocheuses, chaque difficulté renforçant son désir d'atteindre son but.

Après plusieurs jours de voyage, Lysandre arriva au pied de la Montagne des Échos. Elle se dressait majestueusement, ses sommets perdus dans les nuages, comme une forteresse ancienne. La montagne semblait émettre une aura de calme et de mystère.

À l'entrée d'un tunnel naturel formé par des rochers, Lysandre trouva une inscription gravée dans la pierre : « Seul le cœur sincère entendra les échos véritables. » Il s'engagea dans le tunnel, où une lumière douce et dorée éclairait le chemin. Le silence était profond, presque tangible.

En avançant, Lysandre entendit des murmures, des échos qui semblaient venir de toutes parts. Il s'assit sur un rocher, ferma les yeux, et écouta attentivement. Les échos étaient des voix du passé, des murmures de sagesse et des fragments de conversations anciennes. Il entendit des voix parler de courage, d'amour, et de vérité.

Au bout du tunnel, Lysandre déboucha dans une grande caverne illuminée par des cristaux scintillants. La caverne résonnait de chants d'échos harmonieux, comme une symphonie ancienne. Au centre de la caverne, sur un piédestal de pierre, se trouvait un miroir ancien, entouré de lumières dansantes.

Lysandre s'approcha du miroir avec hésitation. En regardant à l'intérieur, il vit son propre reflet, mais ce reflet était entouré d'une lumière éblouissante. Les images dans le miroir changeaient constamment, montrant des moments de joie, de tristesse, de peur et d'espoir.

Une voix douce et profonde se fit entendre. « Ce miroir révèle non seulement ce que tu es, mais aussi ce que tu peux devenir. Les échos que tu entends sont les vérités cachées de ton cœur. Pour avancer, il te faut comprendre et accepter ces vérités. »

Lysandre regarda attentivement les images dans le miroir. Il vit ses propres peurs, ses doutes, et ses espoirs. Il comprit que le voyage n'était pas seulement une quête extérieure, mais une exploration intérieure de soi. Il devait affronter ses propres vérités et les accepter pour découvrir sa véritable essence.

Avec courage, Lysandre ferma les yeux et fit face à ses peurs. Il accepta ses imperfections, ses erreurs passées, et ses rêves les plus profonds. Il comprit que chaque vérité révélée était une étape vers une compréhension plus profonde de lui-même.

En ouvrant les yeux, le miroir devint clair et brillant. Lysandre sentit une vague de sérénité l'envahir. Il comprit que la Montagne des Échos lui avait offert un précieux cadeau : la connaissance de soi. Il avait trouvé une paix intérieure qui illuminait son cœur comme un phare dans l'obscurité.

Il retourna au village avec un nouveau regard sur le monde. Ses œuvres devinrent plus profondes, capturant non seulement la beauté extérieure mais aussi la richesse des émotions humaines. Les villageois furent émerveillés par les nouvelles peintures de Lysandre, qui semblaient raconter des histoires de sagesse et de vérité.

Lysandre partagea son expérience avec les autres, expliquant que la véritable découverte réside dans la compréhension de soi et dans l'acceptation des vérités cachées au plus profond de notre cœur. Son art devint une source d'inspiration pour tous ceux qui cherchaient à comprendre leur propre voyage intérieur.

Chaque année, Lysandre se rendait à la montagne pour se rappeler les leçons apprises et pour méditer sur les échos de son propre cœur. Il comprit que la quête de la vérité intérieure est un voyage sans fin, enrichissant et transformant.

Les échos de la montagne résonnaient encore dans les vallées, rappelant à tous que la véritable sagesse et la paix viennent de la compréhension de soi et de l'acceptation des vérités profondes qui résident en chacun de nous.

The Mountain of Echoes

In a village perched on the edge of a lush valley, there lived a young man named Lysander. Lysander was a dreamer, an artist with eyes full of curiosity and a heart eager for adventure. Every day, he painted imaginary landscapes on linen canvases, the vivid colors of his works reflecting the emotions and dreams he carried within.

One misty morning, as he walked along the winding paths of the valley, Lysander discovered an old, rolled-up, stained map half-buried in the fallen leaves under a large oak tree. The map was adorned with mysterious symbols and a golden inscription: "The Journey of the Heart leads to the Mountain of Echoes. Where silence reveals hidden truths."

Intrigued, Lysander decided to follow the map, convinced that this adventure could offer revelations that would enrich his art. He gathered his brushes, paints, and a small compass and set out on the promising journey.

The path to the Mountain of Echoes was filled with trials and wonders. Lysander crossed shimmering rivers where the water seemed to whisper ancient secrets, and dense forests where the trees formed a canopy of foliage. Each stage of the journey was a discovery, each view a living tableau of natural beauty.

Deep in the forest, he met an old hermit sitting at the base of an ancient birch tree. The hermit had a beard as long as the roots of the trees and eyes that seemed to see beyond the visible.

"Hello, traveler," said the hermit in a gentle voice. "Are you seeking something in particular on this path?"

Lysander showed him the map and explained his desire to uncover the secrets of the Mountain of Echoes. The hermit smiled and nodded. "The Mountain of Echoes is a place where inner truths resonate. What you discover will depend on what you truly seek in your heart. But before you continue, know that the journey is as much a quest of the mind as it is of the body."

Lysander thanked the hermit for his words and continued on his way, more determined than ever. He climbed steep slopes and scaled rocky walls, each difficulty strengthening his desire to reach his goal.

After several days of travel, Lysander arrived at the foot of the Mountain of Echoes. It stood majestically, its peaks lost in the clouds, like an ancient fortress. The mountain seemed to emit an aura of calm and mystery.

At the entrance of a natural tunnel formed by rocks, Lysander found an inscription carved into the stone: "Only a sincere heart will hear true echoes." He ventured into the tunnel, where a soft, golden light illuminated the path. The silence was profound, almost tangible.

As he moved forward, Lysander heard whispers, echoes seeming to come from all directions. He sat on a rock, closed his eyes, and listened attentively. The echoes were voices from the past, whispers of wisdom, and fragments of ancient conversations. He heard voices speaking of courage, love, and truth.

At the end of the tunnel, Lysander emerged into a large cavern illuminated by sparkling crystals. The cavern resonated with harmonious echoing chants, like an ancient symphony. In the center of the cavern, on a stone pedestal, stood an ancient mirror, surrounded by dancing lights.

Lysander approached the mirror hesitantly. Looking inside, he saw his own reflection, but it was surrounded by a dazzling light. The images in the mirror changed constantly, showing moments of joy, sadness, fear, and hope.

A gentle, deep voice was heard. "This mirror reveals not only who you are but also who you can become. The echoes you hear are the hidden truths of your heart. To move forward, you must understand and accept these truths."

Lysander looked closely at the images in the mirror. He saw his own fears, doubts, and deepest hopes. He realized that the journey was not only an outward quest but an inward exploration of oneself. He had to confront his own truths and accept them to discover his true essence.

With courage, Lysander closed his eyes and faced his fears. He accepted his imperfections, past mistakes, and deepest dreams. He understood that each revealed truth was a step toward a deeper understanding of himself.

When he opened his eyes, the mirror became clear and brilliant. Lysander felt a wave of serenity wash over him. He understood that the Mountain of Echoes had given him a precious gift: self-knowledge. He had found an inner peace that illuminated his heart like a beacon in the darkness.

He returned to the village with a new perspective on the world. His artworks became deeper, capturing not only external beauty but also the richness of human emotions. The villagers were amazed by Lysander's new paintings, which seemed to tell stories of wisdom and truth.

Lysander shared his experience with others, explaining that true discovery lies in understanding oneself and accepting the hidden truths deep within our hearts. His art became a source of inspiration for all those seeking to understand their own inner journey.

Each year, Lysander visited the mountain to remind himself of the lessons learned and to meditate on the echoes of his own heart. He realized that the quest for inner truth is an endless journey, enriching and transformative.

The echoes of the mountain still resonated through the valleys, reminding everyone that true wisdom and peace come from understanding oneself and accepting the deep truths that reside within each of us.

Le Loup et le Petit Peintre

Il était une fois, dans un village niché au creux d'une vallée verdoyante, un garçon nommé Lucas. Lucas était un enfant rêveur, toujours avec un pinceau à la main, dessinant et peignant tout ce qui l'entourait. Il aimait particulièrement peindre les animaux de la forêt qui bordait son village. Son plus grand rêve était de rencontrer un loup majestueux pour pouvoir capturer sa beauté sur la toile.

Un soir, alors que le soleil se couchait et que les ombres dansaient sur les arbres, Lucas décida de s'aventurer dans la forêt. Il marchait doucement, écoutant le murmure des feuilles et le chant lointain des oiseaux nocturnes. Plus il s'enfonçait dans la forêt, plus il sentait une présence mystérieuse autour de lui.

Soudain, il entendit un bruit de pas derrière lui. Il se retourna lentement et aperçut, à travers les arbres, un loup aux yeux perçants et au pelage argenté. Le loup le regardait avec une intensité silencieuse, comme s'il attendait quelque chose. Lucas, malgré une pointe de peur, sentit son cœur s'emballer d'excitation. Il savait qu'il devait rester calme et respectueux.

« Bonjour, » dit-il d'une voix tremblante mais douce. « Je m'appelle Lucas. Je suis venu ici pour peindre et découvrir la beauté de la forêt. »

Le loup inclina légèrement la tête, ses yeux brillants dans la pénombre. « Bonjour, petit peintre, » répondit-il d'une voix grave et résonnante. « Je suis Lupus, le gardien de cette forêt. Pourquoi cherches-tu à peindre ici, si loin de chez toi ? »

Lucas prit une profonde inspiration. « La forêt est pleine de vie et de mystères. J'ai toujours rêvé de rencontrer un loup, de capturer sa majesté et sa force dans mes peintures. Peut-être que, par mes tableaux, je pourrai montrer aux autres la beauté que je vois. »

Lupus regarda Lucas pendant un long moment, comme s'il évaluait la sincérité de ses paroles. Puis il hocha la tête. « Très bien, Lucas. Je te montrerai les secrets de la forêt, mais en échange, tu dois me promettre de respecter chaque être vivant que tu rencontreras. »

« Je le promets, » répondit Lucas avec détermination.

Ainsi, Lupus et Lucas commencèrent leur voyage à travers la forêt. Ils traversèrent des clairières baignées de lumière lunaire, des ruisseaux cristallins et des bosquets d'arbres centenaires. Partout où ils allaient, Lucas sortait ses pinceaux et ses toiles, capturant chaque instant de beauté qu'ils rencontraient.

Un soir, ils arrivèrent près d'une cascade scintillante. Le bruit de l'eau et la lumière des étoiles créaient une atmosphère magique. Lucas s'assit au bord de la cascade et commença à peindre. Lupus se tenait près de lui, observant en silence.

« Pourquoi peins-tu, Lucas ? » demanda finalement Lupus, rompant le silence. « Qu'est-ce qui te pousse à créer ces images ? »

Lucas réfléchit un moment avant de répondre. « Je peins parce que c'est ma façon de comprendre le monde. Chaque couleur, chaque trait de pinceau est une expression de ce que je ressens et de ce que je vois. Peindre me permet de me connecter aux autres et de partager la beauté que je découvre. »

Lupus hocha la tête. « La création est un pouvoir puissant, Lucas. Elle peut toucher les cœurs et changer les esprits. N'oublie jamais cela. »

Les jours passèrent, et Lucas apprit de nombreuses choses auprès de Lupus. Il découvrit comment les arbres communiquaient entre eux, comment les animaux trouvaient leur chemin dans la forêt et comment chaque créature, même la plus petite, avait un rôle important à jouer dans l'équilibre de la nature.

Un matin, alors que le soleil se levait, Lupus conduisit Lucas au sommet d'une colline d'où l'on pouvait voir toute la forêt. « Regarde, » dit-il. « Voici la forêt que tu aimes tant. »

Lucas regarda l'horizon, émerveillé par la vue. Il sortit une dernière toile et commença à peindre la forêt dans toute sa splendeur. Les couleurs du lever du soleil se reflétaient dans ses yeux et ses mains semblaient guidées par une inspiration divine.

Quand il eut terminé, il montra la toile à Lupus. Le loup regarda le tableau, puis Lucas, avec une profonde admiration. « Tu as capturé l'âme de la forêt, » dit-il doucement. « Tu as un don rare, Lucas. Utilise-le bien, pour montrer aux autres la beauté et l'importance de la nature. »

Lucas sourit. « Merci, Lupus. Grâce à toi, j'ai appris plus que je n'aurais jamais imaginé. »

Lupus inclina la tête. « Notre voyage ensemble doit maintenant prendre fin, mais souviens-toi toujours de ce que tu as appris ici. La forêt sera toujours avec toi, dans ton cœur et dans tes peintures. »

Lucas dit au revoir à Lupus et rentra chez lui, le cœur plein de gratitude et d'inspiration. Il savait qu'il n'était plus le même garçon qui était parti dans la forêt cette nuit-là. Il était devenu un véritable artiste, un gardien de la beauté naturelle.

De retour au village, Lucas exposa ses toiles, partageant avec les habitants les merveilles de la forêt. Ses peintures étaient si vivantes et émouvantes qu'elles touchèrent le cœur de tous ceux qui les voyaient. Les gens commencèrent à voir la forêt sous un nouveau jour, la respectant et la protégeant davantage.

Les années passèrent, et Lucas devint un peintre renommé, connu pour ses œuvres qui célébraient la nature et sa beauté. Mais chaque fois qu'il regardait l'un de ses tableaux, il se souvenait de Lupus et de leur voyage ensemble. Il se rappelait les leçons qu'il avait apprises et l'importance de respecter et de préserver la nature.

Et parfois, lors des nuits claires, il retournait dans la forêt, s'asseyant au bord de la cascade ou grimpant au sommet de la colline, cherchant des traces de son vieil ami. Il savait que Lupus était toujours là, quelque part, veillant sur la forêt et sur lui.

The Wolf and the Little Painter

Once upon a time, in a village nestled in a green valley, there lived a boy named Lucas. Lucas was a dreamy child, always with a brush in hand, drawing and painting everything around him. He especially loved painting the animals of the forest bordering his village. His greatest dream was to meet a majestic wolf to capture its beauty on canvas.

One evening, as the sun was setting and shadows danced on the trees, Lucas decided to venture into the forest. He walked gently, listening to the whisper of the leaves and the distant song of nocturnal birds. The deeper he went into the forest, the more he felt a mysterious presence around him.

Suddenly, he heard footsteps behind him. He slowly turned and saw, through the trees, a wolf with piercing eyes and silver fur. The wolf looked at him with silent intensity, as if waiting for something. Despite a twinge of fear, Lucas felt his heart race with excitement. He knew he had to remain calm and respectful.

"Hello," he said in a trembling but gentle voice. "My name is Lucas. I came here to paint and discover the beauty of the forest."

The wolf slightly tilted its head, its eyes shining in the dim light. "Hello, little painter," it replied in a deep, resonant voice. "I am Lupus, the guardian of this forest. Why do you seek to paint here, so far from home?"

Lucas took a deep breath. "The forest is full of life and mysteries. I have always dreamed of meeting a wolf, capturing its majesty and strength in my paintings. Perhaps, through my paintings, I can show others the beauty I see."

Lupus looked at Lucas for a long moment, as if evaluating the sincerity of his words. Then he nodded. "Very well, Lucas. I will show you the secrets of the forest, but in return, you must promise to respect every living being you encounter."

"I promise," Lucas replied with determination.

Thus, Lupus and Lucas began their journey through the forest. They crossed clearings bathed in moonlight, crystal-clear streams, and groves of ancient trees. Wherever they went, Lucas took out his brushes and canvases, capturing each moment of beauty they encountered.

One evening, they arrived near a sparkling waterfall. The sound of the water and the starlight created a magical atmosphere. Lucas sat by the waterfall and began to paint. Lupus stood beside him, watching silently.

"Why do you paint, Lucas?" Lupus finally asked, breaking the silence. "What drives you to create these images?"

Lucas thought for a moment before answering. "I paint because it's my way of understanding the world. Each color, each brushstroke is an expression of what I feel and what I see. Painting allows me to connect with others and share the beauty I discover."

Lupus nodded. "Creation is a powerful gift, Lucas. It can touch hearts and change minds. Never forget that."

Days went by, and Lucas learned many things from Lupus. He discovered how trees communicated with each other, how animals found their way in the forest, and how every creature, even the smallest, played an important role in the balance of nature.

One morning, as the sun was rising, Lupus led Lucas to the top of a hill from which they could see the entire forest. "Look," he said. "Here is the forest you love so much."

Lucas gazed at the horizon, awestruck by the view. He took out one last canvas and began to paint the forest in all its splendor. The colors of the sunrise reflected in his eyes, and his hands seemed guided by divine inspiration.

When he finished, he showed the painting to Lupus. The wolf looked at the painting, then at Lucas, with deep admiration. "You have captured the soul of the forest," he said softly. "You have a rare gift, Lucas. Use it wisely, to show others the beauty and importance of nature."

Lucas smiled. "Thank you, Lupus. Thanks to you, I have learned more than I ever imagined."

Lupus inclined his head. "Our journey together must now end, but always remember what you have learned here. The forest will always be with you, in your heart and in your paintings."

Lucas bid farewell to Lupus and returned home, his heart full of gratitude and inspiration. He knew he was no longer the same boy who had ventured into the forest that night. He had become a true artist, a guardian of natural beauty.

Back in the village, Lucas displayed his paintings, sharing with the villagers the wonders of the forest. His paintings were so vivid and moving that they touched the hearts of everyone who saw them. People began to see the forest in a new light, respecting and protecting it more.

Years passed, and Lucas became a renowned painter, known for his works that celebrated nature and its beauty. But every time he looked at one of his paintings, he remembered Lupus and their journey together. He remembered the lessons he had learned and the importance of respecting and preserving nature.

And sometimes, on clear nights, he would return to the forest, sitting by the waterfall or climbing to the top of the hill, seeking traces of his old friend. He knew that Lupus was still there, somewhere, watching over the forest and him.